Bernhard Pesch

Ostern 1525

Bauernkrieg im Schussental

Inhalt

Der Schweizerkrieg	3
Die Württemberger Hochzeit	5
Von Hutten	6
Felix von Werdenberg	7
Kriegszug gegen Württemberg	8
Martin Luther	9
Das Wetter, Im Hegau	10
Baltringen	11
Jacob Murer	13
Im Tierpark von Pavia	14
Rappertsweiler	15
Dietrich Hurlewagen	16
Stefan Rahl	17
Ulm	18
Der Bauernjörg	19
Graf Wilhelm von Fürstenberg	20
Froben von Hutten	21
Das Bundesheer	22
Leipheim	23
Günzburg	25
Wolf Gremlich	26
Ein Flugblatt	27
Pfarrer Florian	29
Gründonnerstag, Karfreitag	30
Karsamstag	32
Hugo von Montfort, Ostersonntag	33
Ostermontag	34
Der Vertrag von Weingarten	42
Gremlichs Ende	43
Die folgenden Wochen	44
Was wurde aus...?	45
Was wäre wenn...?	48
Literatur	51

Am Ostermontag des Jahres 1525 kam es bei Weingarten zu einem historischen Treffen des Heeres des Schwäbischen Bundes unter seinem Hauptmann Georg von Waldburg und dem sich Seehaufen nennenden Bauernheer unter seinem Obrist Dietrich Hurlewagen. Dieses Treffen ist einer der Wendepunkte im deutschen Bauernkrieg, wenn nicht der gesamten südwestdeutschen Geschichte und soll im Folgenden detailliert beleuchtet werden.

Der Schweizerkrieg

Durch mehrere erfolgreiche Aufstände und Kriege hatte die Schweiz faktische Unabhängigkeit erreicht. Dabei hatten die Schweizer eine neue Art der Kriegsführung (wieder-)entdeckt: Mit langen Spießen bewaffnete Fußsoldaten konnten, wenn sie eine Formation einhielten, die damals traditionellen Lanzenreiter besiegen. Die Folge war das Aufkommen des Landsknechtswesen. Kriege wurden fortan mit Fußsoldaten geführt und weil die Schweizer dabei die meiste Erfahrung aufweisen konnten, waren Schweizer Söldner bald in ganz Europa begehrt. Doch auch in Schwaben fand das Schweizer Vorbild schnell Nachahmer. Für überzählige Bauernsöhne, die sich keine Hoffnung auf ein Erbe machen konnten, war das sogenannte „Reislaufen" eine attraktive Betätigung. Sie zogen in die Kriegsgebiete Europas und folgten Söldnerführern, die für sie Verträge mit den kriegsführenden Parteien aushandelten.

Der 1488 auf einem Reichstag in Esslingen gegründete Schwäbische Bund war eine Vereinigung von Reichsstädten, Klöstern und Adelsherrschaften, dem unter anderem zukam, ein kaisertreues Gegengewicht zu den Schweizern zu bilden. Und nicht nur die Städte und Adelsherrschaften, sondern auch die schwäbischen Landsknechte, die sich bald überall anwerben ließen, traten in Konkurrenz zu den Schweizern. So stritten die Handelsstädte um die Warenströme und die Söldner um lukrative Aufträge. Es war an der Tagesordnung, sich als Kuhschweizer beziehungsweise Sauschwaben zu bezeichnen, was sich angeblich auf das jeweilige Paarungsverhalten bezog.

Aufgrund einiger Meinungsverschiedenheiten über Gerichtsrechte in der Ostschweiz kam es 1499 zu einem Krieg, der auf beiden Seiten fast patriotische Begeisterung hervor rief. Der noch jugendliche Georg von Waldburg schlich sich zusammen mit einem Freund heimlich aus der Klosterschule in Dillingen, die er damals besuchte, um an den Kampfhandlungen teilnehmen zu können, erreichte die Schlachtfelder aber zu spät. Der Krieg verlief für die habsburgisch-schwäbische Seite wenig erfolgreich, so dass König Maximilian nach mehreren Schlachten, Kriegszügen und Plünderungen auf einen Friedensvertrag eingehen musste, der die faktische Souveränität der Eidgenossenschaft bestätigte. Noch heute wird dieser Krieg nördlich des Bodensees als Schweizerkrieg bezeichnet, während er in der Eidgenossenschaft Schwabenkrieg genannt wird.

Die Württemberger Hochzeit

Am 2. März 1511 fand im Stuttgarter Schloss eine bombastische Hochzeit statt: Vierzehn Tage lang feierten bis zu 7000 Gäste, Hochadelige aus dem gesamten Reich, und rund um das Schloss wurde die Bevölkerung kostenlos gespeist. Der noch junge Ulrich von Württemberg, Herzog erst in der zweiten Generation und Herrscher eines Landes, das bislang keineswegs als stabil galt, ehelichte Prinzessin Sabina von Bayern. Sabina war die Nichte Kaiser Maximilians und entstammte dem altehrwürdigen Herzogsgeschlechts von Bayern. Der Kaiser wollte den jungen

Württemberger an das Reich binden. Diese Absicht misslang. Ulrich war keineswegs solide oder berechenbar. Die herzogliche Hofhaltung verschlang Unsummen, weit mehr als der kleine Staat finanzieren konnte. Außerdem soll der Herzog mehrere Geliebte gehabt haben, unter denen die Affäre mit Ursula Thumb von Neuenburg, der Tochter des Burgvogts von Hohenneuffen, die folgenschwerste war.

Von Hutten

1514 heiratete Ursula Thumb von Neuenburg den Stallmeister des Herzogs, Hans von Hutten. Herzog Ulrich, der mit Hans von Hutten befreundet war, schlug vor, seine Beziehung mit Ursula nunmehr gedeckt von Hans weiterführen zu können. Dieser jedoch machte den Fehltritt des Herzogs öffentlich. Auf einer Jagd im Schönbuch bei Stuttgart ermordete darauf der Herzog seinen Stallmeister eigenhändig. Dies führte dazu, dass Ulrich vom Kaiser unter „Acht und Aberacht" gestellt wurde. Von seinem Thron vertrieben wurde der Herzog erst vier Jahre später und diese Vertreibung vorbereitet wurde maßgeblich von Ulrich von Hutten, einem Vetter des Stallmeisters. Ulrich von Hutten war ein bekannter und geachteter Schriftsteller und Humanist. Er stand in

Verbindung zu vielen geistigen Größen seiner Zeit und seine Schriften gegen den Lebensstil der Kurie in Rom hatten ihren Anteil an der Reformation. Unter anderem kam es 1521 zu einem Briefwechsel zwischen Ulrich von Hutten und Martin Luther, in dem sich Letzterer bereits dagegen ausspricht, „mit Gewalt und Mord für das Evangelium zu streiten".

Felix von Werdenberg
Auch andernorts hatte die Hochzeit zwischen Sabina und Ulrich von Württemberg ihre Nachwirkungen. Bei der Trauungszeremonie in der Stuttgarter Schlosskirche fungierte der klein gewachsene Felix von Werdenberg, ein Bruder des Schlossherrn von Sigmaringen, als Brautführer. Der Kontrast zur recht großen Sabina von Bayern veranlasste Andreas von Waldburg-Sonnenberg-Scheer zu der Äußerung: „Streck dich, Werdenberger!" Andreas war Schlossherr in Scheer und damit sozusagen Nachbar des Sigmaringers. Mit seiner Äußerung, die er publikumswirksam von der Empore der Kirche herab getan hatte, erboste er den Werdenberger nicht wenig. Wenig später lauerte Felix zusammen mit seinen Getreuen dem Waldburger an der Donau auf, als dieser von einer Jagd am

Bussen zurückkehrte und ermordete ihn. Truchsess Georg von Waldburg, der damalige Vorsteher des Hauses Waldburg, bemühte sich vergeblich, den Mörder vor Gericht zu bringen. Im Jahre 1530 auf dem Reichstag in Augsburg wurde Felix von Werdenberg angeblich enthauptet in seinem Bett aufgefunden. Die Urheber dieser Tat blieben unbekannt.

Kriegszug gegen Württemberg

1519 überfiel Ulrich von Württemberg die zum Schwäbischen Bund gehörende freie Reichsstadt Reutlingen. Damit war das Maß voll. Im Einvernehmen mit dem Kaiser rüstete der Schwäbische Bund ein Heer, um den eigensinnigen Herzog aus seinem Herzogtum zu vertreiben. Anführer dieses Heeres war Truchsess Georg von Waldburg. Tatsächlich hatte Württemberg dem Bundesheer kaum etwas entgegen zu setzen. Der Herzog floh und verbrachte die folgende Zeit wahlweise in der Schweiz oder auf seinen verbliebenen Herrschaften Hohentwiel und im elsässischen Mömpelgard (Montbelliard). Der Kriegszug wurde von Ulrich von Hutten literarisch begleitet. Neben anderer Propaganda schrieb er sein Werk „Phalarismus", einen in der Unterwelt angesiedelten Dialog zwischen dem

antiken Despoten Phalaris und einem deutschen Tyrannen – ungenannt, aber unverkennbar Ulrich von Württemberg.
Truchsess Georg machte seinen Verwandten Wilhelm von Sonnenberg, der die Tochter des ermordeten Andreas von Sonnenberg geheiratet hatte und damit dessen Erbe war, zum Statthalter in Stuttgart.

Martin Luther

Als Martin Luther 1517 seine 95 Thesen an die Schlosskirche von Wittenberg nagelte, schwebte ihm keine gewaltsame Neuordnung des gesamten Kirchen- und Staatswesens vor. Während er sich auf der Wartburg versteckte, schrieb er mehrere Predigten, die in gedruckter Form verschickt wurden und eine weitreichende evangelische Predigtkultur begründeten. Seine Schrift „Von der Freiheit des Christenmenschen" (1520), von Luther rein theologisch gemeint, entwickelte sich, weltlich interpretiert, zur Forderung nach Abschaffung der Leibeigenschaft. So wurden Luthers Thesen radikalisiert. Besonders der Prediger Thomas Müntzer forderte eine revolutionäre Umwälzung der politischen und sozialen Verhältnisse. Im Gegensatz zur Amtskirche und den Klöstern nahmen viele Dorfpfarrer diese

Thesen bereitwillig auf. Um diese Prediger scharten sich auch in Südwestdeutschland viele Bauern, die eine Erleichterung von Fronen und Leibeigenschaft erhofften.

Das Wetter

Die Ernten in den Jahren vor 1524 waren nicht besonders gut. Im Sommer 1524 ging ein massives Gewitter nieder und Hagel zerstörte einen Großteil der Ernte. In der Folge erhöhten sich die Getreidepreise. Viele ärmere Menschen konnten sich ihr täglich Brot kaum noch leisten. Der Adel erhob unverändert Fronen und Abgaben, was den Unmut der Landbevölkerung gegen diese Lasten steigerte.

Im Hegau

Bereits im Sommer 1524 kam es zu Bauernerhebungen im Hegau. In der Gemeinde Stühlingen trat der Prediger Hans Maurer auf. Dieser stand angeblich im Kontakt mit Thomas Münzer, dem Reformator, der zunächst im Umfeld von Martin Luther unterwegs war. Über die Frage, in wie weit die biblische Botschaft soziale Veränderungen nach sich ziehe und ob diese Veränderungen mit Gewalt erreicht werden sollten, kam es zum Bruch zwischen

Luther und Münzer.
Die Aufstände der Hegauer Bauern wurden vom Adel zunächst ignoriert, konnte sich doch niemand vorstellen, dass sich die Bauernschaft tatsächlich gegen die „gottgegebene" Ordnung stellen würden. Dies änderte sich erst, als Ulrich von Württemberg, der in der Schweiz Söldner geworben hatte, die unzufriedenen Hegauer Bauern um sich sammelte. Unter dem Versprechen, in Württemberg die Reformation einzuführen, zog er mit seinem Heer in Richtung Stuttgart. Dies endlich alarmierte den Schwäbischen Bund. In Ulm wurde das Bundesheer zusammen gestellt und gegen den anrückenden Württemberger geschickt.

Baltringen

In Baltringen nahe Biberach versammelten sich an Heiligabend 1524 einige Bauern in einer Gaststätte. Auch an ihnen waren die Ereignisse der Zeit nicht vorüber gegangen. Sie diskutierten ihre Lebensverhältnisse und die religiösen Neuerungen, die aus dem Norden zu ihnen kamen. Dann beschlossen sie, mit der Forderung nach Verbesserung ihrer Lebensverhältnisse an ihre Herren heran zu treten. In der Gaststätte in Baltringen trafen sie sich ab dann wöchentlich und immer mehr

Bauern fanden ihren Weg dort hin. Wenige Wochen später, zur Fasnet, war es Brauch unter den Bauern, sich gegenseitig zu besuchen und gemeinsam Fasnetsküchle zu verspeisen. So zogen sie von Dorf zu Dorf und begeisterten andere Bauern von ihrer Sache. Schließlich bekam ihre Organisation einen Namen: Der Baltringer Haufen war gegründet.

Aus Ummendorf, das nahe Baltringen liegt und eine Herrschaft des Klosters Weissenau war, berichtete Abt Jacob Murer Anfang Februar 1525. Auf einer Reise nach Ulm machte er Rast in Ummendorf und wurde dort mit den Forderungen der unzufriedenen Bauern konfrontiert. Es gelang ihm, die Bauern fürs Erste zu beruhigen. Er lud sie auf „Brot und ein Maß Wein"[1] in die örtlichen

Murer verhandelt mit Bauern aus Ummendorf und lädt sie dann zum Essen ein.

---
1 Murer, Text und Kommentar, S.28

Gasthäuser ein und ging davon aus, die Unzufriedenheit habe sich damit erledigt. Später empörte er sich darüber, dass sich seine Ummendorfer Bauern trotz dieser Behandlung an den Aufständen beteiligten.

Jacob Murer

Jacob Murer

Jacob Murer wurde um 1460 in Konstanz geboren. Er entstammte einer regional bekannten Familie von Malern und Künstlern. Neben der Kunst jedoch zog es ihn einer geistigen Laufbahn zu. Er trat in das Prämonstratenser-Kloster Weissenau bei Ravensburg ein. Ab 1499 betraute er die Pfarrstelle des Dorfes Ummendorf. Am 23. April 1523 wurde er zum Abt von Weissenau gewählt. Dennoch blieb er seiner Leidenschaft der Malerei und auch der Geschichtswissenschaft treu. Er schrieb mehrere geschichtlich interessante Chroniken. Darunter war auch die Chronik des Bauernkrieges, die er mit seinen Bildern illustrierte.

Im Tierpark von Pavia

Seit Jahren führte Kaiser Maximilian von Habsburg gegen den französischen König Krieg um die Vorherrschaft in Norditalien. Dort befanden sich die freien Reichsstädte in wechselnder Loyalität zu einem der beiden Kontrahenten. Dieser Krieg zog Unmassen von Söldnern an, die sich meistbietend auf den Schlachtfeldern verdingten. Ab November 1524 belagerte der französische König Franz die Stadt Pavia und wollte sie aushungern. Er hatte einen dichten Belagerungsring um die Stadt gelegt und diesen auch nach außen so abgesichert, dass er vor möglichen Entsatztruppen des Kaisers gut geschützt war. Ein Teil dieses äußeren Schutzes bestand aus der Mauer eines Tierparks, durch den der Belagerungsring lief. In der Nacht vom 23. auf den 24. Februar 1525 gelang es deutschen und spanischen Entsatztruppen, weitgehend unbemerkt Breschen in diese Mauer zu schlagen und fast das gesamte Heer im Tierpark aufzustellen, noch bevor die Franzosen reagierten. König Franz selbst führte sein Heer zum Angriff, wurde aber Welle für Welle zurückgeschlagen. Schließlich wurde das französische Heer besiegt und König Franz gefangen genommen. Damit endete der Krieg in Norditalien.

Für viele schwäbische Söldner fand sich damit in Italien keine Arbeit mehr und sie zogen wieder der Heimat zu. Weil nur wenige der Krieger im Heer des Schwäbischen Bundes Sold fanden, zog der Großteil auf die heimischen Höfe, um dort Verwandtschaft zu besuchen und sich als Knechte zu verdingen. Damit wurden die Reihen der schwäbischen Bauern unerwartet mit erfahrenen Kriegern und Waffen gefüllt, was zweifellos Auswirkungen auf die Kampfbereitschaft der Bauern hatte.

Rappertsweiler

Am 24. Februar 1525, dem Tag der Schlacht von Pavia, versammelten sich auf dem Hügel hinter der Ortschaft Rappertsweiler Bauern aus den Herrschaften Tettnang, Lindau und Königsegg. Wie groß die Unzufriedenheit und das Verlangen nach Änderung gewesen sein muss, zeigte ihre Anzahl: Ungefähr 8000 Bauern folgten dem Aufruf zum Treffen. Offensichtlich vertrauten sie dem Verhandlungsgeschick von ihres gleichem wenig, denn sie suchten nach einem in der Welt des Adels und des Patriziats erfahrenem Führer. Dietrich Hurlewagen, ein Lindauer Patrizier, wurde zum Obristen gewählt. Der Rappertsweiler Haufen schloss sich den

Forderungen der anderen aufständischen Bauernhaufen an. Zwei Tage später zogen Bauern von Rappertsweiler hinab nach Langnau im Argental und plünderten das dortige Mönchskloster.

Dietrich Hurlewagen

Das Hofgut Gitzenweiler Hof lag in der Nähe von Lindau. Es gehörte dem Junker Dietrich Hurlewagen, der damit einen Platz im Lindauer Patriziat inne hatte. Offensichtlich war von ihm bekannt, dass er Sympathien für die Forderungen der aufständischen Bauern hegte. Später, im Verhör, sollte er angeben, dass er in der Nacht vom 24. auf den 25. Februar von zwei Bauern aus dem Bett geworfen und auf den Hügel bei Rappertsweiler geschleppt worden wäre. Hier wurde er von den versammelten Aufständischen zum Anführer gewählt. Schließlich wurde er zum Obristen des gesamten Seehaufens bestimmt. Mit Sicherheit trat Hurlewagen vor den versammelten Bauern engagierter auf als später im Verhör. Dennoch wirkte er als Anführer im Bauernkrieg sehr zögerlich.

Stefan Rahl

Am 27. Februar schlossen sich die Bauern der Landvogtei Ravensburg-Altdorf dem Rappertsweiler Haufen an. Am 3. März folgten die Bauern des Klosters Weissenau. Diese wählten den Bauern Stefan Rahl zum Hauptmann.

Stefan Rahl

„Was er redete, gefiel den Bauern, hielten ihn für einen Herrgott,"[2] schreibt Abt Jacob Murer über seinen Eigenmann, der offensichtlich des Redens begabt war und nicht wenige Bauern zu begeistern vermochte. Zunächst führte Rahl die Weissenauer Bauern nach Rappertsweiler und dann, ab dem 5. März, auf das sogenannte Altdorfer Feld, die Ebene zwischen Baienfurt und Altdorf. In Altdorf kam es zu einer Begebenheit, von der die Archive des Klosters Weingarten berichten: Als Rahl durch die Stadt ging, wurde er vom Balkon eines Hauses, das einem Schy Jäcklin gehörte, mit einem Eimer warmen Wasser übergossen. Schy Jäcklin war ein Amtmann von Haug von Montfort, dem Landvogt von Oberschwaben, und damit konnte hinter der Eimerattacke durchaus ein politischer Hintergrund vermutet

---

2   Murer, Kommentar, S.29

werden. Dieser Angriff soll der Grund gewesen sein, warum die aufständischen Bauern, die bislang auf dem Altdorfer Feld lagerten, die Stadt Altdorf besetzten. Am 12. März musste sich Altdorf den Bauern anschließen.

Ulm

Am 9. Februar 1525 beschäftigte sich erstmals der Bundestag des Schwäbischen Bundes in Ulm mit den Forderungen der Aufständischen. Neben Bauern sympathisierten auch viele Bewohner der Städte und vor allem eine ganze Reihe namhafter Kleinadeliger mit den Aufständischen. So war mit Hans-Jacob Humpis von Senftenau ein Mitglied einer mächtigen Ravensburger Kaufmannsfamilie und Patrizier der Stadt Lindau gewonnen worden. Humpis führte die Verhandlungen für die Bauern im Bundestag. Derweil gingen im ganzen Land Bauern in den Aufstand und auch in Ulm wurden die Forderungen immer lauter. So mussten die Delegierten des Bundestages im März 1525 damit rechnen, aus der Stadt Ulm herausgeworfen zu werden. In ihrer Not wendeten sich die Abgeordneten an Truchsess Georg, der mit dem Bundesheer am 5. März Herzog Ulrich vor Stuttgart geschlagen hatte. Truchsess Georg sollte schnellst möglich mit

dem Heer nach Ulm ziehen, um die Aufstände nieder zu werfen.
Georg schickte die Reiterei unter Froben von Hutten direkt nach Ulm. Wilhelm von Fürstenberg und Wolf Gremlich marschierten über Kirchheim nach Ulm.

Der Bauernjörg

Truchsess Georg, nach heutiger Zählung der III. von Waldburg, war Soldat mit Leib und Seele. Durch mehrere erfolgreiche Kriegszüge erwarb er sich einen hervorragenden Ruf als Stratege. Er führte das Bundesheer bereits in der sogenannten Absberger Fehde, bei der es darum ging, mehrere aufrührerische fränkische Ritter um den Raubritter Thomas von Absberg zu bestrafen.

Georg von Waldburg

Truchsess Georg war zunächst der Erbe der älteren Linie Waldburg-Zeil (Georgische Linie). Durch seine Hochzeit mit Apollonia von Sonnenberg (Waldburg-Wolfegg) wurde er auch zum Erbe dieser Linie. Es gelang ihm, große Teile des Waldburger Besitzes in seiner Hand zu vereinigen. Nach dem Tod seiner ersten Frau Apollonia heiratete er Maria von Öttingen. Diese war die Tochter von Joachim von Öttingen, dem damaligen Bundeshauptmann des Schwäbischen Bundes, was Georg hervorragende Kontakte verschaffte.

Graf Wilhelm von Fürstenberg

„Gewalttätig, verschwenderisch, zügellos im geschlechtlichen Umgang und seine Kriegskunst mehr dem Solde als einer höheren Idee weihend, erregte er auch in einem Zeitalter, dass an überschäumender Kraft und Zuchtlosigkeit keinen Mangel hatte, ein zwischen Bewunderung und Entrüstung geteiltes Aufsehen."[3]

Auch wenn dieses Zitat aus späterer Zeit stammte, mag es wohl zutreffend gewesen sein. Zunächst mit einer burgunder Gräfin verheiratet, verprasste er nach deren Tod deren und sein eigenes Erbe und trat dann in Söldnerdienste. Im Krieg zwischen Frankreich und Habsburg wechselte er mehrmals die Seiten und erwarb sich bei Schlachten in Frankreich und Spanien großen Ruhm. Einerseits war er für Truchsess Georg, der ihn zum Generaloberst über das Fußvolk machte,

---

3 Riezler, S. 228-232

sicher ein wenig zuverlässiger Bündnispartner. Andererseits ist die Wirkung eines so geachteten und erfahrenen Söldnerführers auf die Motivation der Krieger nicht zu unterschätzen. Im Bundesheer unterstanden Graf Wilhelm von Fürstenberg über 7000 erfahrene Söldner.

Froben von Hutten

Im Gegensatz zum Oberst des Fußvolkes verfügte der Kommandant der Kavallerie über wenig Erfahrung. Dafür hatte er aber um so mehr persönliche Motivation. Froben von Hutten war der Bruder des ermordeten Hans von Hutten und sicher war es seine Absicht, den Mord zu rächen. Sein Vetter war der Humanist Ulrich von Hutten. Abgesehen von seinem Einsatz als Kommandant der Kavallerie im Bundesheer trat Froben allerdings geschichtlich nicht in Erscheinung. Frobens Abteilung bestand aus fast 2000 Reitern.

Das Bundesheer

Das Bundesheer war das militärische Aufgebot des Schwäbischen Bundes, wurde von den Bundesmitgliedern finanziert und von der Bundesversammlung in Ulm aufgestellt.

Bemerkenswerterweise ist eine genaue Aufstellung der Marschordnung des Heeres überliefert, mit dem Truchsess Georg zunächst Ulrich von Württemberg an der Einnahme Stuttgarts hinderte und mit dem er dann von Ulm bis nach Weingarten zog:
1. Der Vortrab mit der Rennfahne. Bei dieser ist gewöhnlich der Truchsess selbst.
2. Die Schützenfahne (die Hakenschützen)
3. Feldgeschütz
4. Der verlorene Haufen zu Fuß
5. Der Haufen Reisiger
6. Das übrige Geschütz mit Zubehör
7. Der gewaltige Haufe zu Fuß.
8. Zwei Kompanien Kavallerie.
9. Die Wagenburg mit dem Tross.
10. Der Nachtrab, aus einer Abteilung Kavallerie bestehend[4]

Insgesamt bestand das Heer aus 7000 Infanteristen und 1500 bis 2000 Reitern. Allerdings war die Motivation der Kämpfer denkbar schlecht. Einerseits ist es das Wesen von Söldnerheeren, dass sie immer dem besser Bezahlenden folgen. Nachdem der Schwäbische Bund oft kaum in der Lage war, den notwendigen Sold heranzuschaffen, war die Bereitschaft der Krieger zum Kampf

---
4   Walchner und Bodent, S.74

begrenzt. Andererseits rekrutierten sich die Söldner häufig aus der Bauernschaft, so dass sich Mitglieder der selben Bauernfamilien auf der einen wie auf der anderen Seite der Front wiederfanden. Dienstverweigerungen, Meutereien und Überläufer waren an der Tagesordnung. Unter diesen Umständen hatten die Führer des Heeres oft größte Schwierigkeiten, die Krieger zur Schlacht zu führen.

Entgegen der hauptsächlich aus dem gemeinen Volk stammenden Söldner rekrutierte sich die Kavallerie vorwiegend aus dem Adel. Hier war noch die traditionelle Verbundenheit mit dem Rittertum vorherrschend. Während die Söldner in einer Formation aus Piken (um angreifende Pferde abzuwehren) und Hakenbüchsen kämpften, war es die Taktik der Reiter, den Gegner mit Lanzen bewaffnet niederzureiten.

Leipheim

Zwischen Elchingen und Leipheim besiegte Truchsess Georg mit seinem Teil des Bundesheeres ein Heer von rund 4000 Bauern. Derweil plünderte der Leipheimer Bauernhaufen mehrere Schlösser und Klöster in der Gegend um Ulm. Truchsess Georg drohte daraufhin, die Orte Günzburg und

Leipheim erobern und plündern zu lassen, wenn ihm nicht die Aufrührer ausgeliefert würden. In ihrer Angst nahmen die Bürger einige Aufrührer gefangen und lieferten sie dem Truchsessen aus. Unter ihnen war Jakob Wehe, ein Pfarrer aus Leipheim und einer der Wortführer der Aufständischen. Der Dialog zwischen Truchsess Georg und Jakob Wehe, unmittelbar bevor dieser hingerichtet wurde, ist wörtlich überliefert.

Truchsess Georg: Pfarrherr, hättet ihr Gottes Wort und den Frieden, wie euch geziemt, gepredigt, so wäret ihr jetzt nicht in dieser Lage.
Jakob Wehe: Gnädiger Herr, mir geschieht Unrecht; ich habe nicht den Aufruhr, sondern Gottes Wort gepredigt.
Truchsess Georg: Mir wurde ganz anders berichtet. Wäret ihr ein wahrhaft evangelischer Mann, so würdet ihr nicht dazu geholfen haben, andere zu berauben. Wendet euch nun zu Gott, denn eure Stunde ist gekommen.

Jakob Wehe tritt in den Kreis, wo er enthauptet werden soll. Georgs Kaplan fragt ihn, ob er beichten will.

Jakob Wehe: Liebe Herren, ich bitte euch, nehmt kein Ärgernis an mir, wenn ich nicht

beichte. Denn ich habe Gott, meinem himmlischen Vater, gebeichtet, der mein Herz besser kennt als die Menschen.
Dann wendet er sich an seine Mitverurteilten: Seid guten Mutes, denn wir werden heute noch beieinander im Paradies sein. Auf dich, Herr, habe ich gehofft. Vater vergib ihnen, sie wissen nicht, was sie tun.[5]

Günzburg

Die folgenden acht Tage verbrachte das Heer zwangsweise in Günzburg. Seine Anführer hatten ihm die Plünderung der Städte Leipheim und Günzburg versprochen, zu der es wegen der Auslieferung der Anführer nicht kam, was Unzufriedenheit unter den Söldnern schürte. Außerdem entließ Truchsess Georg ein Kontingent aus Memmingen aus seinem Heer, weil sich in diesem Anzeichen von Ungehorsam regten. Wir wissen, dass einerseits aufgrund unklarer Verhältnisse bei der Soldzahlung, andererseits wegen verbreiteter Sympathien zu den Aufständischen die Unzufriedenheit und der Wille zur Rebellion bei den Söldnern groß war.
Die Ständeversammlung aus Ulm musste

---

5 Weissenhorner Chronik, zitiert nach Walchner und Bodent, S.85.

außerordentliche Soldzahlungen heranschaffen, um die Söldner zum Weitermarsch zu bewegen. Derweil fielen am Sonntag, dem 8. April, die Städte Markdorf und Meersburg an den Seehaufen.
Endlich, am Dienstag, dem 10. April, brach das Heer von Günzburg aus in Richtung Süden auf.

Wolf Gremlich

Die Familie der Gremlichs war eines der einflussreichsten Patriziergeschlechter Süddeutschlands. 1216 wurde sie erstmals in Pfullendorf erwähnt und sie verbreitete sich von dort über ganz Schwaben und die Schweiz in zahlreichen Herrschaften.

Wolf Gremlich von Jungingen zu Hasenweiler war eine der schillerndsten Gestalten der Bauernkriegszeit. Er war sehr impulsiv. So ist zum Beispiel überliefert, dass er einen Bauern im heimischen Hasenweiler aus nichtigen Gründen für lange Zeit in den Kerker warf.

Ritter Wolf Gremlich diente in führender Position im Heer des Schwäbischen Bundes unter Truchsess Georg. Vor Ulm war auch er damit konfrontiert, dass sich seine Reiterei weigerte, gegen Bauern vorzugehen. Leider wissen wir nicht genauer, ob es diese Vorgänge waren, die dazu führten, dass Wolf Gremlich bei Günzburg das Heer verließ und dann als Zivilist in Richtung Ravensburg zog. Es wurde spekuliert, dass er aus Ärger darüber, dass Froben von Hutten und nicht er die Leitung der Kavallerie bekam, ging. Möglich ist auch, dass er aufgrund der Dienstverweigerung seiner Reiter aus dem Heer entlassen wurde oder dass er sogar selbst Sympathien für die Aufständischen hegte. Immerhin war er mit einer Humpis von Grünkraut verheiratet und damit mit einer Verwandten des Verhandlungsführers der Bauern.

Ein Flugblatt

„Was Stang und Stab tragen möcht, das zöge alles auf Ostern nach Berg und Weingarten hin." So stand es auf einem Flugblatt, das in diesen Tagen massenweise gedruckt und unter den aufständischen Bauern in Umlauf gebracht wurde. Und tatsächlich sammelten sich viele tausend Aufständische im mittleren Schussental. Alleine um Altdorf waren es mindestens 12000 an der Zahl. Darunter waren 4000 Büchsenschützen und eine große Anzahl Geschütze. Die Bauern wurden von einer sehr beträchtlichen Anzahl Söldner unterstützt, die Wochen davor in Italien aus den Diensten der Habsburger entlassen worden waren und in der

Heimat ihren Verwandten zu Hilfe eilten.
Zu den Aufständischen, die sich bereits versammelt hatten, waren weitere 8000 Bauern aus dem Allgäu und 4000 aus dem Hegau im Anmarsch.
Die Bauern organisierten sich in sogenannten Haufen. Der Seehaufen, der hauptsächlich vor Weingarten zusammen kam, war zunächst in den Rappertsweiler-, den Linzgauhaufen und den Haufen vom Altdorfer Feld geteilt. Später wurde zwischen dem Rappertsweiler – und dem Bermatinger Haufen unterschieden.
Innerhalb der Haufen wurde nach sogenannten Plätzen, das waren die Hauptdörfer mit den umliegenden Siedlungen, aus denen die Bauern kamen, unterschieden. Vor Altdorf/Weingarten hatten sich die Plätze Oberreitnau, Unterteuringen, Bermatingen, Ailingen, Meersburg, Markdorf, Sipplingen, Owingen, Ostrach, Zußdorf, Tettnang, (Langen-)Argen, Nonnenhorn, Wasserburg, Ravensburg, Zell, Altdorfer Feld, Umlingen, Altdorf, Trauchburg, Staufen und Lindenberg versammelt.

Pfarrer Florian

Von Pfarrer Florian wissen wir kaum etwas, außer dass er aus Eichstetten kam. Er war einer jener Prediger, die für eine radikale Auslegung der Reformation standen. Er hatte ein Heer von ungefähr 1500 aufständischen Bauern hinter sich geschart und operierte in der Karwoche 1525 zwischen Wolfegg und Waldsee. Zunächst belagerte er das Schloss Bad Waldsee. Besonders prekär für den Truchsessen Georg war an dieser Situation, dass sich seine Frau, Maria von Öttingen, und einige seiner Kinder auf Schloss Waldsee befanden. Allerdings ließ sich Pfarrer Florian durch die Zahlung einer Summe von 4000 Gulden von der Belagerung abbringen.Er zog von Waldsee ab und führte sein Heer nach Wolfegg. Die Belagerung von Wolfegg hatte das Ziel, die im Schloss gelagerten Geschütze des Truchsessen zu erlangen. Als sich Schloss Wolfegg nicht ergab, wurde der Plan gefasst, die Familie des Truchsessen aus Schloss Waldsee zu holen, um die Herausgabe der Kanonen zu erzwingen. Dieser Plan wurde allerdings aufgrund des Herannahens des Bundesheeres nicht mehr durchgeführt. Statt dessen zog Pfarrer Florian mit seinen Männern in Richtung Wurzach, um sich dem Bundesheer entgegenzustellen.

Gründonnerstag

Auf seinem Marsch nach Süden versprengte das Bundesheer bei Essendorf einen Trupp von 800 Bauern, die in Richtung Winterstetten flohen.
Pfarrer Florian postierte seine Mannen im Wurzacher Ried, um sie so vor der feindlichen Reiterei zu schützen. Truchsess Georg, der am Gründonnerstag ebenfalls Wurzach erreichte, ließ seine Artillerie, an der Zahl 18 Geschütze, auf dem Wurzacher Kapellenhügel aufstellen. Von hier aus beschoss er die Stellungen der Bauern im Ried. Nach nur drei Salven flohen die Bauern, räumten ihre Stellungen im Ried und zogen sich nach Gaisbeuren zurück.

Karfreitag

Es war der 13. April 1525. Von den Mannen des Pfarrers Florian gerufen, zogen viele Bauern von Altdorf aus durch den Altdorfer Wald nach Gaisbeuren. Hier versammelten sich 9 – 10 000 bewaffnete Männer auf einer Anhöhe vor dem Dorf. Wiederum lagen die Bauern mit ihrer Front zu einem Ried, um sich so vor der feindlichen Reiterei zu schützen. Derweil zog das Bundesheer von Wurzach kommend heran. Auf „Falkonettschussweite" zum Bauernheer bezog es seine Stellung auf er Ebene zwischen

Gaisbeuren und Waldsee. Hier lagen sich die Heere bis zum Abend gegenüber. Im Bundesheer war die Stimmung alles andere als gut. Das Bauernheer stand in Kontakt zu Söldnern des Bundesheeres, die bereit waren, im Falle eines Angriffes überzulaufen. Ein nächtlicher Überraschungsangriff auf das Bundesheer sollte so einen schnellen Sieg bringen. Allerdings gab es unter diesen Söldnern einen Verräter, der den Plan an Truchsess Georg weitertrug. Als Gegenmaßnahme gelang es diesem, einen Söldner für den Lohn von 11 Gulden[6] dazu zu bewegen, sich nachts in das Dorf Gaisbeuren hineinzuschleichen. Dort zündete der Söldner ein Haus an. Im Schein der Flammen konnten die Angriffsvorbereitungen und Truppenbewegungen der Bauern vom Lager des Bundesheeres aus beobachtet werden, so dass der Überraschungseffekt verloren ging. Daraufhin brachen die Bauern die Angriffsvorbereitungen ab und zogen im Laufe der Nacht durch den Altdorfer Wald zurück nach Altdorf. Die Söldner des Bundesheeres verbrachten derweil die Nacht in voller Verteidigungsbereitschaft.

---

6 Eine Kuh kostete damals 2 bis 3 Gulden. Ein Hilfsarbeiter erhielt 10 bis 12 Pfennige Tageslohn. 240 Pfennige waren ein Gulden wert.

Karsamstag

Nach dem langen Marsch von Ulm herunter und der durchgemachten vergangenen Nacht war es um die ohnehin schlechte Motivation im Bundesheer noch schlechter bestellt. Truchsess Georg entschied deshalb, und auch mit Hinblick auf den bevorstehenden Feiertag, eine Pause einzulegen. Bis zum Ostermontag sollte das Bundesheer im Lager zwischen Gaisbeuren und Waldsee verbleiben, um neue Kraft zu schöpfen und um Ostern zu feiern.

Während dieser Zeit setzte man im Rat der Reichsstadt Ravensburg alle Hebel in Bewegung, um den Konflikt wenn möglich friedlich beizulegen. Es wurden vier Persönlichkeiten ausgesucht, die bereit waren, zwischen den Bauernführern in Baienfurt und Altdorf und dem Truchsessen zu verhandeln. Schließlich fiel die Wahl auf zwei Ravensburger Ratsherren namens Schollang und Krüglin. Außerdem bat man den Grafen Hugo von Montfort-Langenargen, vermutlich wegen seines hohen Ranges, um Vermittlung. Wahrscheinlich wegen seiner guten Kenntnis des Bundesheeres wurde zudem Ritter Wolf Gremlich bestimmt.

Hugo von Montfort

Hugo XVI. von Montfort-Rotenfels war der Sohn von Haug von Montfort, der für den Kaiser die Landvogtei Oberschwaben verwaltete. Sein Sitz war das Schloss Langenargen. Zunächst erschien er als relativ gemäßigt den Bauern gegenüber, so dass man ihn im Ravensburger Rat für geeignet als Vermittler vor Altdorf hielt. Als Erbgraf und Sohn des Landvogtes verfügte er über einen der höchsten Ränge in der Adelshierarchie der Gegend und sein Wort hatte entsprechendes Gewicht. Als Ranghöchster führte er selbstverständlich die Vermittlungsdelegation.

Ostersonntag

Gerade weil es sich um einen teilweise religiös motivierten Konflikt handelte, wurde natürlich auf beiden Seiten am Ostermorgen der Auferstehung des christlichen Erlösers in Gottesdiensten gedacht. Danach begab sich die kleine Verhandlungsgesandtschaft unter dem Grafen von Montfort auf den Ritt durch den Altdorfer Wald nach Gaisbeuren, wo sie am Nachmittag ankam. Ihre Frage war es, ob sie mit Billigung des Truchsessen Verhandlungen über eine friedliche Beilegung des Konfliktes mit den Bauern führen dürften. Bereits durch

einen Brief von der Ständeversammlung in Ulm hatte Georg von Waldburg die Weisung erhalten, wenn möglich Blutvergießen zu vermeiden. Nach einer Beratung mit seinen Obristen antwortete er, dass es nicht in der Absicht des Bundes läge, den Bauern Schaden zuzufügen, sofern diese „die Schranken des Gehorsams nicht überschreiten". Als Bedingung für eine friedliche Lösung forderte er die Abgabe aller Waffen und ab sofort ruhiges Verhalten. Sollten diese Bedingungen erfüllt werden, so würde er mit dem Bundesheer jenseits des Altdorfer Waldes bleiben.
Noch am Abend kehrte Montfort mit seiner Gesandtschaft zurück nach Altdorf.

Ostermontag

Am Morgen des zweiten Ostertages zog das Bundesheer durch den Altdorfer Wald nach Süden. Die Vermittlungsbemühungen schienen dabei keine Rolle gespielt zu haben. Als die Vorhut und darunter Truchsess Georg bei Baindt aus dem Altdorfer Wald ritten, begegnete sie wieder Graf Montfort und seiner Gesandtschaft, der die Antwort der Bauernführer brachte: Die Bauern seien zum Verhandeln bereit, sie würden jedoch keinesfalls ihre Waffen abgeben. Der Truchsess bestand aber auf die Abgabe der Waffen, so dass die Verhandlungen zunächst gescheitert waren. Montfort ritt wieder zurück nach Baienfurt, wo einige Bauernführer im Rathaus beratschlagten.

Derweil ließ der Truchsess seine Artillerie Stellung auf dem Entlisberg (**1** in der Grafik S.38, der Entlisberg heißt heute Annaberg) hinter Baindt beziehen. Es sollte noch den gesamten Tag und die darauffolgende Nacht dauern, bis das ganze Bundesheer aus dem Altdorfer Wald herauskäme.

Im späteren Verlauf des Tages rückte Georg von Waldburg mit etwa 800 Kavalleristen in Richtung Altdorf/Weingarten vor. Auf halbem Weg kam ihm der Anführer des Seehaufens, Junker Dietrich Hurlewagen entgegen (**2**). Den Junker hatte aller Mut verlassen. Um Blutvergießen unter den Bauern zu verhindern, fiel er vor dem Waldburger auf die Knie und bat um Gnade. Von Waldburg beachtete ihn nicht weiter.

Derweil zogen sich bewaffnete Bauern aus Altdorf und aus Berg in der Ebene des Schussentales zusammen (**3**). Froben von Hutten schlug vor, die Bauern in der Ebene mit der Kavallerie anzugreifen, doch Georg von Waldburg lehnte ab. Bei einem Angriff wären die Reiter in der Reichweite der

Büchsenschützen aus Altdorf, von denen sich bis zu 4000 in der Stadt aufhielten.
Später zogen sich die Bauern in der Ebene wieder zurück nach Altdorf.
Derweil ließ von Waldburg seine Geschütze in der Ebene unterhalb von Weingarten und des Bläsibergs aufstellen (**4**). Die Bauern hatten ihre Geschütze gegenüber auf dem Bläsiberg und auf der Höhe bei Weingarten in Stellung gebracht (**5**). Es begann die gegenseitige Kanonade der Stellungen. Etwa zu diesem Zeitpunkt trafen Graf Montfort, Wolf Gremlich und die beiden Ravensburger Standesherren wieder beim Truchsessen ein. Ihre Nachricht: Die Führer der Bauern gehen nicht auf die Forderungen Waldburgs ein. Die Schlacht schien unvermeidlich. Nach einer Biographie des Truchsessen aus dem 19. Jahrhundert, angeblich auf Quellen aus dem fürstlichen Archiv beruhend, wird das Einlenken der Bauern der unnachgiebigen Haltung von Waldburgs zugeschrieben.

In dieser Situation sagte Georg von Waldburg:
> „Weingarten, Weingarten! Bisher war ich immer dein guter Freund, aber heute wird meine Freundschaft ein Ende nehmen müssen. Denn kann ich diese Nacht nicht ruhig in dir schlafen, so sollen es die Bauern auch nicht. Und du

musst heute noch ein Aschenhaufen werden."
Ritter Wolf Gremlich fragte: „Ist das euer Ernst?"
Und Waldburg bestätigte: „Allerdings."[7]
Nach diesen Worten zog die Gesandtschaft wieder nach Altdorf zu den Bauernführern ab. Später wurde verbreitet, Waldburgs Worte seien nichts weiter als eine Kriegslist gewesen und die Absicht, Weingarten zu zerstören, habe nie bestanden, zumal er angesichts des Kräfteverhältnisses keineswegs mit einem Sieg habe rechnen können. Allerdings reichten diese Worte aus, um die Bauern zum einlenken zu bewegen. Die Aussicht eines Sturms des Bundesheeres auf Weingarten und Altdorf wirkte im Bauernheer derart erschreckend, dass begonnen wurde, die Waffen einzusammeln. Wenig später galoppierte Wolf Gremlich wieder zu von Waldburg und verkündete, dass die Bauern ihre Waffen und Fahnen ablieferten. Im Gegenzug verlangten sie Begnadigung und einen Unterwerfungsvertrag. Daraufhin ließ der Truchsess die Kanonade und die Angriffsvorbereitungen abbrechen und marschierte mit seinem Heer um Altdorf und Weingarten herum zum Burachhof (**6**), wo er das Nachtlager einrichten ließ.

---

7 Walchner und Bodent S. 96

Die Situation am Ostermontag 1525 vor Altdorf/Weingarten

38

Auch in der folgenden Nacht herrschte Geschäftigkeit beim Bundesheer. Zum einen ließ von Waldburg einen Trupp seiner Söldner ins Lauratal marschieren. Hier wurde verhindert, dass etwa 8000 Bauern aus dem Allgäu, die mittlerweile bis Schlier herangekommen waren, Kontakt zu den Bauern in Weingarten aufnehmen konnten. Weitere bis zu 4000 Bauern aus dem Hegau stießen zudem in der Nacht über Berg zu den Bauern in Altdorf. Die zahlenmäßige Überlegenheit der Bauern wurde immer gravierender. Es ist gut möglich, dass sich mancher die Unterwerfung nochmal anders überlegt hätte, wenn er von den Bauern in Schlier Nachricht erhalten hätte.
Außerdem ritt in der Nacht ein Trupp Kavalleristen aus dem Bundesheer zum Hof des Bauernführers Stefan Rahl, der westlich von Ravensburg am Hang des Schussentales lag. Sie brannten den Hof nieder. Ein Kind des Bauernführers kam dabei ums Leben.

Seite 40: Die Lage vor Weingarten, wie sie Jacob Murer in seiner Chronik darstellt:
1. *Altdorf und Weingarten*
2. *Ravensburg*
3. *Baindt*
4. *Baienfurt*
5. *Berg*
6. *Jene Bauern, die in der Nacht zum Karsamstag aus Gaisbeuren aufgebrochen sind, erreichen Altdorf.*
7. *Bauern aus Altdorf versammeln sich am Ostermontag in der Ebene des Schussentales, um dem Bundesheer zu begegnen.*
8. *Bauern sind aus Berg hinabgezogen, um sich mit den Altdorfer Bauern zu vereinigen.*
9. *Das Bundesheer strömt aus dem Altdorfer Wald. Der Reiter mit Helmbusch ist Truchsess Georg. Die Kanonen darunter markieren die Stellung auf dem Entlisberg.*
10. *Von Ravensburg aus reitet die Gesandtschaft unter Graf Montfort, um zwischen Bauern und Bundesheer zu vermitteln.*

Der Vertrag von Weingarten

Am Dienstag nach Ostern zogen die Reste des Bundesheeres von Gaisbeuren ins Schussental und vereinigen sich mit den bereits anwesenden Truppen. Auf der Seite der Bauern verhielt man sich ruhig und lieferte weiter Waffen und Fahnen ab. Den ganzen Tag über verhandelten Bauernführer, hauptsächlich wahrscheinlich Hurlewagen, Georg von Waldburg und die Vermittler um Graf Montfort. So entstand ein Vertragstext, der spät in der Nacht zum 18. April verabschiedet wurde.

Dieser eigentliche Vertrag von Weingarten trug erst den 22. April als Datum, an dem die Unterschriften geleistet wurden. Der Vertrag verpflichtete die Bauern, ihre Haufen aufzulösen und auf ihre Felder zurückzukehren. Künftig sollten sie Aufruhr unterlassen und weiterhin den Zins zahlen. Außerdem sollten sie erbeutetes Gut zurückgeben. Im Falle von Streitigkeiten zwischen Bauern und ihrer Obrigkeit sollten Städte oder der Fürst angerufen werden können. Unterschrieben wurde der Vertrag von dem Obristen der Bauern, Dietrich Hurlewagen sowie von 37 Bauern für ihre „Plätze" aus einem Bereich von Lindau bis Langenenslingen und von Meersburg bis Leutkirch.

Gremlichs Ende

Nach der Unterzeichnung des Vertrages kam es am Sonntag Abend in Ravensburg zu einer bemerkenswerten Begebenheit: Graf Montfort und Wolf Gremlich waren in ihr Gasthaus zurück gekehrt. Dabei thematisierten sie eine Frage, die bis heute noch kontrovers diskutiert wird: Wer hätte gewonnen, wenn es vor Weingarten zur Schlacht zwischen Bauern und Bundesheer gekommen wäre. Wolf Gremlich vertrat die Meinung, dass die Truppen Waldburgs unterlegen wären während von Montfort meinte, das Bundesheer hätte den Sieg davon getragen. Mit am Tisch saß ein Schreiber Montforts, der durch einen Geburtsfehler einen verzogenen Mund hatte. Gremlich fühlte sich durch die Grimasse des Schreibers verspottet, er meinte, der Schreiber mache sich lustig über seine Position in dieser Diskussion und er zog seinen Degen. Um sich zu verteidigen, tat der Schreiber das selbe. In dem dann folgenden kurzen Schlagabtausch wurde Gremlich am Handgelenk verletzt. Er starb noch am selben Abend, vermutlich durch eine Verletzung der Pulsader.

Die folgenden Wochen

Von Ravensburg aus zog das Bundesheer in den Hegau und entsetzte die Städte Stockach und Radolfzell. Weiter wendete es sich ins Württembergische, um die Gefahr einer Rückeroberung Stuttgarts durch Herzog Ulrich endgültig zu beseitigen. Bei Böblingen kam es zu einem Treffen mit einem sehr großen Bauernheer. Die Schlacht wurde zu einem Gemetzel unter den Bauern und viele Aufständische fanden den Tod.

Auch in Oberschwaben war die Revolte durch den Vertrag von Weingarten noch nicht ganz beseitigt. Am 8. Mai standen die Fahnen in Wangen auf Sturm. Ein Angriff aufständischer Bauern wurde befürchtet. Am 14. Mai zogen Reste des Rappertsweiler Haufens nochmal nach Langnau und plünderten das dortige Kloster.

Wegen der anhaltenden Unruhen kam es am 17. Mai in Ravensburg zu einem Treffen vieler Territorialherren der Gegend: Anwesend war der Bischof von Konstanz, die Äbte von Kempten, Salem, Weingarten, Weissenau und Schussenried, die Grafen Montfort, die Herren Hans und Dionisius von Königsegg und Truchsess Georg von Waldburg. Außerdem schicken die Städte Überlingen, Memmingen, Biberach, Isny, Kaufbeuren, Ravensburg,

Wangen, Kempten, Leutkirch und Buchhorn Abordnungen. Ziel war es, zu beraten, wie man der aufständischen Bauern wieder Herr werden könnte. Am 19. Mai wurden die Bauern, die wenige Tage zuvor Langnau geplündert hatten, von Tettnanger Bürgern festgesetzt und ausgeliefert. Vom 19. bis zum 21. Mai tagte letztmals ein Ausschuss des Seehaufens in Lindau und zwischen dem 14. und dem 16. Juli wurde der Allgäuer Haufen bei Kempten vernichtend vom Bundesheer geschlagen. Auch der bis dahin als gemäßigt geltende Erbgraf Hugo von Montfort erhielt während der folgenden Strafmaßnahmen den Ruf eines Bauernhassers. Noch jahrelang wurden reformatorische Prediger in Oberschwaben gejagt und hingerichtet und Versammlungen von Bauern mit Gewalt aufgelöst. Die Frage, ob die Zugeständnisse des Vertrages von Weingarten die Bauern in irgendeiner Weise ihren Zielen näher gebracht haben, ist wohl eher zu verneinen. Letztlich ist dieser Aufstand für die Sache der Bauern gescheitert.

Was wurde aus Stefan Rahl...

Interessant ist, dass Rahls Name auf dem Vertrag von Weingarten nicht erschien, obwohl er als Führer des Platzes Weissenau eigentlich dort verzeichnet sein sollte. Möglicherweise war er wie so viele andere mit dem von Hurlewagen ausgehandelten Friedensschluss nicht einverstanden. Vielleicht aber verließ er auch die aufständischen Bauern nach dem Mord an seinem Kind. Später erschien er in den Aufzeichnungen des Abtes von Weissenau wieder als loyaler Bauer. Lange nach seinem Tod bauten die Äbte von Weissenau auf dem Gelände des nach Rahls Sippe benannten Hofes ein barockes Lustschloss. Von 1975 bis 2007 war auf in dem Gebäude eine Suchtklinik untergebracht. Seit 2007 wird der Rahlenhof als Demeter-Bauernhof bewirtschaftet.

...Dietrich Hurlewagen...

Obwohl Hurlewagen in den Kriegsereignissen eine sehr zwiespältige Rolle spielt und er im Nachhinein betrachtet sicherlich einer der Hauptverantwortlichen für die Niederlage der Bauern war, wurde im Sommer 1525 nach ihm gefahndet. Er floh und wurde erst 1527 gefangen genommen, dann aber nicht rechtskräftig verurteilt. 1528 trat er in französische Dienste, woraufhin der Graf von Montfort sein Gut Gitzenweiler plündern ließ. Hurlewagen starb 1531. Das Hofgut Gitzenweiler bei Lindau ist heute ein Campingplatz.

… und Georg von Waldburg?

Nach seiner aktiven Zeit als Heerführer besetzte Georg von Waldburg zunächst die Stelle des Statthalters des Schwäbischen Bundes in Stuttgart. Für seine Verdienste verlieh der Kaiser dem Haus Waldburg die Reichserbtruchsessenwürde. Bald nach dem Bauernkrieg erkrankte der Bauernjörg, vermutlich an der Gicht. Er starb am 29. Mai 1531 nach langer Krankheit.

Interessant an der Person des Bauernjörgs ist besonders die Art, wie sein Wirken im Nachhinein bewertet wird. Aus waldburger Sicht betrachtet war Georg sehr erfolgreich, sowohl als Heerführer als auch als Verwalter des Hausvermögens. Es gelang ihm, viel von dem seit einer Erbteilung 1429 zersplitterten Besitz zu vereinen und so die waldburger Herrschaft deutlich zu konsolidieren. Auch das vom Haus Waldburg geförderte Andenken, beispielsweise die Biographie von 1832, ehrt ihn in seinen Verdiensten. Der Roman Lichtenstein dagegen, mit dem Wilhelm Hauff im Jahre 1826 versuchte, eine Art Gründungsmythos des Herzogtums Württemberg zu konstruieren, sah Georg von Waldburg in einem sehr kritischen Licht. Friedrich Engels, der in seinem Werk „Der deutsche Bauernkrieg" von 1850 die damaligen Geschehnisse unter dem Blickwinkel des Klassenkampfes betrachtete, ging mit dem Bauernjörg überraschend milde ins Gericht. Die Autoren Bernt Engelmann und Günter Wallraff entwarfen in ihrem 1973 erschienenen Buch „Ihr da oben – wir da unten" ein extrem kritisches Bild des Waldburgers. So scheiden sich bis heute die Geister an seiner Person, besonders auch deshalb, weil sich weite Teile der demokratischen Bevölkerung eher mit den Bauern von damals identifizieren. Tatsächlich sind die Quellen, die wir heute vom Bauernkrieg von 1525 haben, hauptsächlich aus der Sicht der Sieger geschrieben. Wie die Sicht der unterlegenen Bauern zu rekonstruieren wäre, sei dahin gestellt. Auf jeden Fall trägt Georg von Waldburg je nach Sichtweise den Hauptverdienst oder die Hauptschuld daran, dass dem Aufstand von 1525 so wenig Erfolg beschieden war.

Was wäre wenn...?

Mit der Frage, was geschehen wäre, wenn es vor Weingarten zur Schlacht gekommen wäre, beschäftigte sich Ritter Wolf Gremlich bereits am Abend des 22. April 1525 und die Frage hat bis heute nichts von ihrer Spannung verloren, auch wenn eine Antwort sehr ins Spekulative geht.

Die Wahrscheinlichkeit, dass das Bauernheer gesiegt hätte, spätestens nachdem die Verstärkungen aus dem Hegau und dem Allgäu eingetroffen waren, ist sehr groß. Nach einer Niederlage Waldburgs wäre es dem Schwäbischen Bund kaum mehr möglich gewesen, ein neues Heer aufzustellen und auch vom Kaiser, dessen Finanzen nach dem Italienkrieg mehr als klamm waren, wäre kaum Hilfe zu erwarten gewesen. Der Schwäbische Bund wäre also gezwungen gewesen, den Bauernführern in Verhandlungen entgegen zu kommen. Es ist naheliegend, dass eine ähnliche Lösung wie in der Schweiz gefunden worden wäre, wo Landbevölkerung und Städte schon länger einen vom Kaiser weitgehend unabhängigen Bund bildeten. Allerdings hatten sich zwischen dem Schweizerkrieg von 1499 und dem Bauernkrieg von 1525 deutlichere religiöse Fronten gebildet. Wahrscheinlich hätte sich ein Schwäbischer Bund unter Bauernbeteiligung in den kommenden Religionskriegen auf der Seite der Reformation befunden und wäre nicht wie die Schweiz neutral geblieben. Möglicherweise wären dem Südwesten Deutschlands die Zerstörungen des Dreißigjährigen Krieges teilweise erspart geblieben, wäre es doch auf reformatorischer Seite weniger zum Aufmarschplatz der rivalisierenden Parteien geworden. Vielleicht hätte der Dreißigjährigen Krieg mit einem reformierten Schwaben auch einen ganz anderen Verlauf genommen. Es könnte sein, dass statt dem letztlich erst spät unter Württemberger Vorherrschaft mehr oder weniger zwangsweise zusammengefügten Südweststaat schon früher ein selbstbewusstes Schwaben entstanden wäre. Kurt Tucholsky hat einmal gespottet, dass die Deutschen, wenn sie einen Bahnhof stürmen wollen, erst eine Fahrkarte kaufen. Wie weit diese klischeehafte Vorstellung zutrifft, mag jeder selbst entscheiden. Es ist gut möglich, dass bei einem anderen Verlauf des Bauernkrieges den Deutschen eine solche Volksmentalität nicht nachgesagt werden würde.

Literatur

ENGELMANN, BERNT, WALLRAFF, GÜNTER, Ihr da oben – wir da unten, Verlag der Nation, Berlin 1975

ENGELS, FRIEDRICH, Der deutsche Bauernkrieg, Dietz-Verlag, Berlin/DDR 1960, nach www.ml-werke.de. Erstauflage: Neue Rheinische Zeitung 1850

HAUFF, WILHELM, Lichtenstein, Diogenes Verlag, Zürich 1987. Erstauflage: Friedrich-Franckh-Verlag, Stuttgart, 1826

MURER, JACOB, Weißenauer Chronik des Bauernkrieges von 1525, Faksimile, Jan-Thorbeke-Verlag, Sigmaringen 1977

RIEZLER, SIGISMUND RITTER VON, Allgemeine Deutsche Biographie, Band 8, Bayrische Akademie der Wissenschaften (1878)

SCHWEIZER, KARL, Unser Begehren ist, in Zukunft nicht mehr leibeigen zu sein..., Stadt Lindau, Lindau 2000, unter www.edition-inseltor-lindau.de

WALCHNER, K. UND BODENT, JOHANN, Biographie des Truchsessen Georg III. von Waldburg, gedruckt bei J.M.Bannhard's Witwe, Konstanz 1832

Bernhard Pesch
Edensbach 24/1
88289 Waldburg
01523/7003990
bpesch@gmx.net

Waldburg 2014

Herstellung und Verlag:
BoD - Books on Demand, Norderstedt
ISBN 978-3-7347-3283-6